AF340234

PARIS

IMPRIMERIE DE L. TINTERLIN ET Cᵉ

Rue Neuve-des-Bons-Enfants, 3.

LES INTÉRÊTS

FRANÇAIS ET EUROPÉENS

A SANTO-DOMINGO

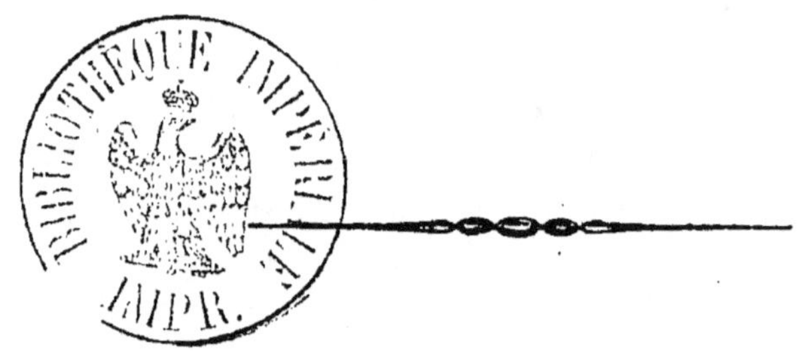

PARIS

E. DENTU, LIBRAIRE-EDITEUR,

PALAIS-ROYAL, 13 ET 17, GALERIE D'ORLÉANS

—

1861

LES INTÉRÊTS

FRANÇAIS ET EUROPÉENS

A SANTO-DOMINGO

————◆————

L'ancienne île de Saint-Domingue, Haïti, la plus belle des Antilles, est en ce moment le théâtre d'une révolution imprévue, qui serait fatale à l'équilibre politique, au commerce et à la liberté, si les gouvernements de l'Europe et de l'Amérique ne s'empressaient de sauvegarder leurs intérêts et la cause de la justice.

Nous voulons parler de l'annexion ou plutôt de l'occupation de la République Dominicaine par l'Espagne.

Après avoir appartenu simultanément à la France et à l'Espagne, l'île s'est divisée en deux États indépendants dont les limites correspondent, à peu près, à celles des deux colonies qui leur ont donné naissance.

La République d'Haïti occupe, du côté de l'Ouest, un tiers environ de la superficie to-

tale. Sa population est de sept à huit cent mille
habitants, tous noirs ou mulâtres, dont la langue est le français. Elle existe depuis 1804, et la
France a reconnu son indépendance en 1825.

La République Dominicaine, ainsi nommée
de Santo-Domingo, sa capitale, s'étend sur
tout le reste de l'île ; sa population ne dépasse
pas cent mille habitants, parmi lesquels on
compte soixante-quinze mille mulâtres ou
hommes de couleur, et vingt-cinq mille noirs.
La langue qu'on y parle est l'espagnol. Son
vaste territoire, cédé à la France par le traité
de Bâle (1795), revint à l'Espagne en 1814.
Mais les Dominicains secouèrent le joug de
cette puissance en 1821, s'unirent volontairement l'année suivante à la République d'Haïti,
jouirent, sous l'administration du président
Boyer, d'une tranquillité parfaite et d'une prospérité remarquable, et recouvrèrent en 1844
leur indépendance, qui fut reconnue en 1855
par la cour de Madrid.

Cet aperçu rapide était nécessaire pour bien
faire comprendre les événements qui se passent maintenant en Haïti. L'Espagne, on le
voit, ne possède plus aucun droit sur son ancienne colonie.

Depuis 1844 jusqu'au moment actuel, la République Dominicaine a été gouvernée, tour à

tour, par deux hommes d'un caractère dia-
métralement opposé. Le premier, Santana,
exerça les fonctions présidentielles de 1844
à 1848, de 1853 à 1856 et de 1858 à 1861.
C'est un ancien *hattier* ou propriétaire de pa-
cages, qui, après avoir passé sa jeunesse et
son âge mûr au milieu des grands troupeaux
de bœufs, dont il faisait sécher les cuirs et
boucaner la chair dans la plaine de Seybo, fut
élevé à la présidence pour avoir repoussé,
avec quelques centaines de pâtres, une attaque des Haïtiens.

Il est brave, mais brutal ; énergique, mais
despote ; il ne rachète pas son ignorance par
la modestie, ni sa tyrannie par le patriotisme ; son orgueil est sans bornes, et s'il
s'est montré avide du pouvoir, c'était surtout
pour ne pas le laisser entre les mains d'un
autre. Il pardonne rarement à un ennemi
vaincu ; ses rancunes sont implacables, et il
pousse si loin la haine qu'il a vouée à la
France, qu'il conserve précieusement dans un
coffre, comme une relique de famille, le crâne
de notre infortuné compatriote, le général
Ferrand, qui périt en 1808, victime des intri-
gues de l'Espagne (1).

____

(1) Le général Ferrand, successeur de Kerverseau, gouvernait

Baez, qui administra le pays de 1849 à 1853 et de 1856 à 1858, est au contraire un homme instruit et de mœurs douces, ami de la légalité, pénétré des principes de la civilisation. Chef du parti libéral, il est l'espoir de tous les Dominicains intelligents, de tous ceux qui sentent vibrer dans leur cœur la fibre du sentiment national.

Peuplée de mulâtres et de noirs, la République Dominicaine, comme celle d'Haïti, n'a pas de plus grand intérêt que de préserver le pays de la domination de toute puissance favorable au maintien de l'esclavage et de la traite. C'est une vérité dont les Dominicains sont, en général, profondément pénétrés, et surtout les vingt-cinq mille noirs émancipés en 1822 par le président Boyer; mais Santana l'a toujours foulée aux pieds; on dirait qu'après avoir écarté ses rivaux du pouvoir, il n'a obéi qu'à une seule pensée, celle de livrer ses concitoyens à leurs ennemis les plus dangereux.

Deux fois il voulut abandonner aux Etats-

l'ancienne colonie espagnole cédée à la France par le traité de Bâle. Son administration était intelligente et honnète; mais les Espagnols soulevèrent contre lui une partie de la population; Ferrand, attaqué à l'improviste avec quelques centaines d'hommes, fut vaincu, et de désespoir se brûla la cervelle. Sa tète, coupée sur e champ de bataille, fut recueillie par le père de Santana.

Unis la baie de Samana, position maritime
d'une importance sans égale, qui aurait per-
mis aux Américains de s'emparer peu à peu de
l'île entière. Il avait même conclu avec l'agent
des États-Unis un traité qu'il voulait faire ra-
tifier par le congrès ; mais il dut renoncer à
ce projet devant l'opposition menaçante de
M. Maxime Raybaud, consul-général de France
à Port-au-Prince, et devant le mécontentement
hautement exprimé des Dominicains. Soulouque, un tyran comme lui, mais un tyran qui
du moins n'aurait pas trahi son pays, ne per-
sista jusqu'à la fin dans son rêve d'annexion
que pour détourner d'Haïti le danger d'une
occupation étrangère.

Ayant échoué du côté des Etats-Unis, Santana fit des propositions analogues au cabinet
des Tuileries. Cet homme voulait à tout prix
livrer sa patrie à l'étranger ; il se jeta enfin
dans les bras de l'Espagne. Il envoya à Madrid
le général Alfau, et le cordon de l'ordre d'Isabelle la Catholique fut le premier encourage-
ment qu'il reçut du gouvernement espagnol.

Depuis sa campagne aventureuse contre les
Marocains, l'Espagne se croit appelée à jouer
dans le monde un rôle prépondérant. Elle a
conçu un vaste plan de conquêtes et d'an-
nexions ; elle veut ressaisir une à une toutes

ses anciennes colonies américaines . Elle accueillit donc avec empressement les propositions de Santana. Le capitaine-général de Cuba reçut l'ordre de tout préparer pour l'occupation de la République Dominicaine, où furent dirigés, par ses soins, plusieurs grands convois d'émigrants, qui devaient faire de la propagande et saluer le drapeau espagnol à sa première apparition.

On n'avait rien négligé pour assurer le succès de cette machiavélique entreprise ; mais il fallait encore justifier aux yeux de l'Europe et de l'Amérique la prise de possession qu'on allait accomplir. Il fut entendu que l'Espagne serait censée appelée par les Dominicains ; qu'après le débarquement des troupes , on procéderait à un vote, qui serait censé représenter le suffrage universel, et que les cris de : Vive Isabelle! proférés par ordre, seraient censés représenter l'enthousiasme délirant de la population. Voilà du moins ce qu'on est autorisé à supposer par tout ce qui s'est passé jusqu'à présent. Quant au motif qui aurait porté les Dominicains à se soumettre à leur ancienne métropole, il est bien avéré que Santana l'attribue à la crainte d'une attaque des Haïtiens ; mais c'est un prétexte qui ne sera pas admis par ceux qui ont la moindre connaissance des événements qui ont eu lieu depuis deux ans en Haïti.

S'il est un gouvernement honnête et loyal, c'est, sans contredit, celui du président Geffrard. Or, le premier soin de Geffrard, après avoir renversé Soulouque, fut d'accorder aux Dominicains, à la prière des consuls de la France et de l'Angleterre, puissances médiatrices, une trève de cinq ans qui ne devait expirer qu'au commencement de l'année 1864.

Bien plus. Pendant que Santana et le gouvernement de la Havane tramaient dans l'ombre leur complot, le cabinet de Port-au-Prince insistait auprès de celui de Santo-Domingo pour le règlement de certaines difficultés soulevées mal à propos par Santana, au sujet de relations commerciales inaugurées spontanément par les Dominicains du nord et du nord-ouest, qui n'ont pour la vente de leurs bestiaux de débouchés qu'en Haïti. Santana s'ingéniait (on sait maintenant le secret de sa conduite) à trouver des faux-fuyants pour ajourner les négociations ; mais Geffrard, qui n'aspirait qu'à consolider la paix dans l'île, chargeait en même temps ses représentants en Europe d'obtenir, pour cette œuvre de conciliation, l'appui de la France et de l'Angleterre.

Le ministre haïtien à Londres, le général Dupuy, s'était rendu dans le même but à Madrid. Il devait, en outre, informer le gouvernement espagnol que le cabinet de Port-au-Prince était tout disposé à reconnaître l'indépendance de la République Dominicaine. Le président Geffrard n'y mettait qu'une condition, à laquelle les Dominicains (nous ne disons pas Santana) n'étaient pas moins intéressés que les Haïtiens : celle d'une alliance des deux républiques qui s'engageraient à ne céder aucun point de leur territoire à une puissance étrangère.

Telle était la situation, lorsqu'on apprit tout à coup en Europe et en Haïti, que Santana venait de proclamer l'incorporation de la république à l'Espagne, et, bientôt après, qu'une armée espagnole partant de la Havane, avait pris possession de Santo-Domingo, malgré les protestations des vrais habitants qui criaient : Vive la république ! Vive l'indépendance ! tandis que les émigrants espagnols et les créatures de Santana criaient : Vive l'Espagne ! Vive la reine Isabelle ! Les consuls de France et d'Angleterre, indignés de cette intrigue où la brutalité, comme on l'a très-bien dit, s'est associée à la trahison, avaient

protesté eux-mêmes en amenant leurs pa-
villons.

Le consul d'Espagne à Port-au-Prince avait
été chargé d'annoncer cette prise de possession au gouvernement haïtien. La notification
eut lieu le 6 avril. Le président Geffrard pro-
testa immédiatement contre cet acte d'a-
gression.

Il déclare que l'Espagne, après avoir perdu
depuis trente-huit ans son ancienne colonie,
après avoir reconnu formellement son indépendance, il y a six ans, n'a pas plus de droit
sur ce territoire que n'en pourraient avoir la
France ou l'Angleterre, et, qu'en l'occupant
militairement, elle viole aussi ouvertement
le droit international et la justice, que si elle
cherchait à faire rentrer violemment sous sa
domination le Mexique, le Pérou et les autres États américains qui se sont émancipés
de son autorité.

Il démontre ensuite que « du moment où
deux peuples habitent une même île, leurs
destinées, par rapport aux tentatives de l'é-
tranger, sont nécessairement solidaires; que
l'existence politique de l'un est intimement
liée à celle de l'autre, et qu'ils sont tenus de
se garantir l'un l'autre leur mutuelle sûreté; »
d'où il résulte que la République d'Haïti,

ayant un intérêt majeur à ce qu'aucune puissance étrangère ne s'établisse dans la partie
de l'Est, a le droit et le devoir de protester
contre la conduite de l'Espagne et la trahison
de Santana.

« Le gouvernement haïtien déclare donc à la
face du monde qu'il ne reconnaîtra jamais la
cession de la République Dominicaine à l'Espagne, et qu'il se réserve l'emploi de tous les
moyens qui, suivant les circonstances, pourraient être propres à sauvegarder ses intérêts
les plus précieux.

Dans une adresse aux Dominicains, publiée
le même jour, le président Geffrard rappelle
à ses concitoyens de l'Est qu'il n'a jamais as-
piré qu'à vivre en paix avec eux et les engage
à ressaisir leur autonomie.

Cet appel sera certainement entendu. Il
existe dans la République Dominicaine un
parti national et libéral très-nombreux, dont
les chefs, persécutés ou exilés par Santana,
s'empresseront de réveiller le patriotisme de
la nation. L'un d'eux, le général Cabral, pré-
voyant dès le mois de décembre le but pour-
suivi par Santana, invitait ses concitoyens à
se lever en masse pour chasser le traître.
Une douzaine d'autres généraux, retirés en
Haïti ou dans les îles voisines, vont rentrer

dans leur pays, et une insurrection générale peut éclater d'un jour à l'autre, si elle n'a pas éclaté déjà. Le Mexique, comme tous les autres États formés par les anciennes colonies espagnoles, est intéressé à seconder le peuple Dominicain, dans la crainte que des traîtres ne veuillent imiter la conduite de Santana. Ne pourrait-il pas arriver aussi que l'île de Cuba, se prévalant du principe d'annexion admis par le cabinet de Madrid, voulût s'incorporer aux États confédérés du Sud?

Quoi qu'il en soit, l'Espagne se met sur les bras une guerre acharnée qui pourrait franchir les limites d'Haïti et provoquer un soulèvement général à Porto-Rico, où l'on compte quatre cent cinquante mille noirs ou mulâtres, dont cent mille esclaves, sur une population totale de cinq cent mille âmes, et à Cuba où quatre cent mille blancs se trouvent en présence de plus d'un million de noirs et d'hommes de couleur dont huit cent mille appartiennent à la classe des esclaves. Les Haïtiens, en effet, inspirent une sympathie profonde à tous leurs frères dispersés dans les Antilles, et des agents secrets, partant de Port-au-Prince, de Santo-Domingo, de New-York, de la Nouvelle-Orléans et de la Jamaïque, provoqueraient peut-être sans trop de peine, un soulèvement général dans les colonies espagnoles. Si nous ne voyons pas éclater cette année cette formidable insurrection, nous la prévoyons du moins dans un avenir très-rapproché. La lutte s'est engagée dans le Nouveau-Monde entre la liberté et l'esclavage, comme elle s'est engagée sur notre continent entre le droit divin et la souveraineté populaire ; l'issue n'en est pas douteuse, et l'Espagne, on peut le dire, s'est aveuglément précipitée au devant de la ruine coloniale qui déjà la menaçait, en jetant le gant à sept cent mille Haïtiens émancipés depuis plus de soixante ans. Mais l'ambition ne raisonne pas ou raisonne mal.

La possession de la République Dominicaine offrirait-elle à l'Espagne des avantages assez sérieux pour justifier la témérité de sa conduite? On l'a pensé à Madrid, et nous ne sommes pas embarrassés pour exposer les motifs qui ont servi de base à cette opinion. Il y en a deux. Le premier se rapporte à une pensée de prépondérance maritime dans le golfe du Mexique ; nous en parlerons plus loin ; le second est relatif aux intérêts mal dissimulés qu'a l'Espagne de perpétuer dans ses colonies l'esclavage et la traite. Il est, en effet, de toute évidence que le cabinet de Ma-

drid n'a pas conçu le fol espoir de rendre
productif, avec les seuls éléments d'exploita-
tion qu'il renferme, le pays dont il cherche
à s'emparer, car la République Dominicaine,
en grande partie inculte et déserte, ne possède ni industrie, ni capitaux. De maigres
plantations de tabac au nord, l'élève des
bœufs dans le sud, des bois pour lesquels on
manque de débouchés constituent à peu près
toute la richesse de ses habitants, et le gouvernement espagnol sait parfaitement que le
courant de l'émigration européenne ne vien-
dra pas féconder ce sol fertile mais brûlant.
Il n'a pas oublié qu'au milieu du dix-huitième
siècle, cette colonie lui occasionnait une perte
annuelle d'environ 2,000,000 de francs, et il
n'ignore pas qu'elle lui imposerait à notre
époque des sacrifices plus lourds encore, s'il ne
tenait en réserve un moyen infaillible d'en ti-
rer, dans un temps donné, de larges bénéfices.

Or, ce moyen, quel est-il? L'introduction
de l'esclavage sur le territoire dominicain.

Il suffit de jeter les yeux sur la carte des
Antilles, pour comprendre que l'Espagne
sera portée nécessairement et fatalement à
l'adoption de cette mesure, réprouvée par
l'humanité et par la civilisation. Haïti est située précisément entre Cuba et Porto-Rico,

à une très-faible distance de chacune de ces
îles ; il serait donc absolument impossible de
soustraire cette nouvelle possession au régime
colonial établi à sa droite et à sa gauche. Les
planteurs espagnols ne viendraient s'y fixer
qu'à la condition d'y pouvoir introduire des
esclaves. Si, d'ailleurs, le territoire dominicain était rigoureusement interdit à la traite
et à l'esclavage, cette situation exceptionnelle
porterait ombrage aux propriétaires de Cuba
et de Porto-Rico, et fortifierait dans la population noire et mulâtre, des idées d'émancipa-
tion que la cour de Madrid s'est toujours em-
pressée de comprimer.

On voit donc, sous quelque face qu'on
envisage la question, que l'île d'Haïti subirait
nécessairement le sort des colonies voisines.
Le gouvernement, sans doute, n'autoriserait
pas ouvertement la traite, par respect pour
les traités, ou plutôt pour éviter les conflits
qu'une infraction si grave ne manquerait pas
d'amener entre lui et l'Angleterre ; mais il
laisserait faire ; il fermerait les yeux et dé-
clinerait toute espèce de responsabilité ; il
promettrait même, au besoin, de redoubler
d'efforts et de vigilance pour extirper de ses
colonies une plaie si honteuse. La traite n'en
continuerait pas moins sur les côtes haïtiennes

comme sur celles de Cuba et de Porto-Rico.
On peut même affirmer qu'elle s'accroîtrait
avec rapidité, parce que les négriers trouve-
raient sur les côtes de la République Dominicaine de nouveaux points de refuge et de débarquement.

Si les principes ne sont pas, en Europe, des
mots vides de sens, on ne permettra pas à
l'Espagne de consommer son attentat contre
la République Dominicaine, où la liberté règne
depuis 1822, et contre la République d'Haïti,
où elle règne depuis le commencement de ce
siècle, car ces deux États sont solidaires l'un
de l'autre, comme l'a dit avec une haute rai-
son le président Geffrard dans sa protestation.
Ils le sont à tel point, que du jour où l'Espagne se serait implantée à Santo-Domingo,
le peuple haïtien serait obligé de se ruiner
en dépenses militaires et de tenir sur pied
une armée toujours prête à repousser une
invasion espagnole.

Une nation, quelle qu'elle soit, a des droits
au respect et à la protection des gouvernements libéraux, lorsqu'elle est menacée par
un ennemi puissant qui cherche à profiter de
sa faiblesse pour l'asservir. Mais le peuple
haïtien a des droits particuliers à la protection de l'Europe civilisée.

Abusant de sa force et de sa supériorité, l'Europe a exercé, pendant plusieurs siècles, sur la race noire, une tyrannie sans exemple dans l'histoire. Elle a enlevé de leur patrie les Africains par millions et par centaines de millions; elle a fait d'eux ses bêtes de travail, et a créé, avec leurs bras, de magnifiques colonies, dont les produits ont augmenté dans de vastes proportions la somme de ses richesses et de son bien-être. Nous jouissons encore aujourd'hui de ces bienfaits, mais nous avons condamné le crime de nos pères; nous avons compris que ce grand forfait exigeait une grande réparation, et, brisant avec un passé qui nous humilie, nous avons aboli l'esclavage, nous avons proscrit la traite; mais ces actes d'humanité et de stricte justice ne nous ont pas acquittés envers la race africaine.

Un grand événement s'est accompli dans les dernières années du dernier siècle. Sept cent mille noirs, transplantés violemment dans les Antilles, ont reconquis leur indépendance; ils ont formé un État régulièrement organisé, le seul État d'origine africaine qui se soit constitué dans le Nouveau-Monde. Ce peuple n'a-t-il pas des droits sacrés à la protection de l'Europe? N'avons-nous pas un devoir de compensation à remplir envers lui ? Pouvons-nous refuser ce témoignage de haute sympathie à la race noire tout entière ? Il suffit, nous le croyons, de poser cette question pour qu'elle soit résolue en faveur d'Haïti, dans l'esprit de tous les hommes et de tous les gouvernements dévoués aux vrais principes de la civilisation.

D'autres raisons, de l'ordre le plus élevé, plaident devant l'Europe la cause de la nation haïtienne.

Ce peuple est un peuple phénomène. Il est appelé à résoudre un des plus grands problèmes qui aient été jamais agités : celui de savoir dans quelles limites la race noire est susceptible de progresser et de se civiliser. Les philosophes et les politiques de tous les pays étudient avec sollicitude les phases diverses qu'il traverse dans sa vie souvent orageuse, et toutes les populations de sang africain disséminées dans le Nouveau-Monde tournent vers lui leurs regards. Il semble avoir été placé dans les Antilles comme un phare, pour montrer le chemin de la liberté à huit millions de noirs qui, en plein dix-neuvième siècle, gémissent encore sous le fouet et sous le bâton.

Tels sont les titres des Haïtiens à la pro-

tection des nations civilisées. Ils sont pénétrés
eux-mêmes de la mission qu'ils ont à remplir ; leurs hommes d'État, leurs historiens,
leurs poëtes, leurs romanciers et leurs jour-
nalistes leur rappellent sans cesse les graves
obligations attachées au privilége dont ils sont
investis, et la jeune république, fière de sa
primauté parmi les peuples de sa race, sa-
crifierait jusqu'à son dernier homme pour
défendre une indépendance qui lui permettra
seule d'accomplir son rôle providentiel.

Cette mission, qui semble avoir été dévolue
aux Haïtiens dans le Nouveau-Monde, la
France en est investie parmi les peuples eu-
ropéens. Il existe donc une sorte de solidarité
morale entre les deux pays. C'est d'ailleurs
notre sang et notre âme, c'est le levain français qui a mis en fermentation la masse africaine entassée par la traite sur le sol de
Saint-Domingue ; c'est notre 89 qui a enfanté
la liberté dans l'ancienne île espagnole ; c'est
sous l'influence de notre langue et de notre
littérature que s'est produit ce fait, unique
dans les annales du monde, d'une population
noire esclave se constituant en État souverain,
après avoir reçu de la race blanche son industrie, ses lois, son organisation judiciaire, ad-
ministrative et militaire, et en un mot tous

les éléments d'un développement progressif.
C'est donc à la France libérale et démocra-
tique qu'il appartient surtout de protéger
l'indépendance haïtienne, loin de songer à
l'absorber comme tendraient à le faire supposer quelques écrivains mal informés.

Nous avons, indépendamment des principes
qui font notre gloire et notre grandeur, des
intérêts positifs d'une grande importance à
maintenir la liberté et la sécurité en Haïti. Ce
pays nous doit encore environ 50 millions de
francs, que l'invasion espagnole pourrait nous
faire perdre en forçant les Haïtiens à des dépenses militaires hors de proportion avec
leurs ressources, et en provoquant des guerres sans fin qui amèneraient la ruine totale
de l'agriculture. Or, que deviendraient les
familles de nos anciens colons, privées de la
part qui leur revient dans l'indemnité con-
sentie en leur faveur par le président Boyer?

Nos intérêts politiques sont plus grands
encore dans la question de Santo-Domingo.
Les Haïtiens regardent la France comme une
seconde mère; les hommes de couleur qui
président à leurs destinées appartiennent à
notre pays par leurs pères, comme ils appartiennent à l'Afrique par leurs mères; ils n'ont
pas oublié que c'est à Paris que la liberté des

noirs a été proclamée pour la première fois, et ce peuple tout entier sait apprécier la générosité de la France qui, en 1838, lui donna une dernière satisfaction d'honneur, en reconnaissant, d'une manière plus formelle qu'en 1825, son indépendance et sa souveraineté ; il se rappelle, avec un sentiment de profonde gratitude, que le gouvernement français, pour alléger une charge trop lourde, consentit à réduire à 60 millions l'indemnité dont le chiffre avait été fixé à 150 millions en 1825. La bienveillance marquée que Napoléon III a témoignée aux Haïtiens, est venue fortifier encore les liens qui les unissent à leur ancienne métropole.

Ils envoient leurs enfants dans nos lycées et dans nos écoles spéciales. C'est à des professeurs français, à des sous-officiers, à des marins, à des ingénieurs français, qu'ils confient le soin de développer chez eux l'instruction publique, l'art et la discipline militaires, la science nautique et les travaux d'utilité générale. Les seuls journaux et les seuls livres étrangers qu'on lise en Haïti, sont des journaux et des livres français. Notre influence est prédominante à Port-au-Prince, et si nous avions une guerre à soutenir dans les Antilles, l'alliance du gouvernement haïtien nous serait

acquise et pourrait nous être d'un grand secours. Ajoutons que la France est le pays de
l'Europe qui fait, avec Haïti, le commerce le
plus étendu, et que la République, grâce à
l'immigration des noirs et des mulâtres libres
des États-Unis appelés par le président Geffrard, produira bientôt, peut-être, sur une
assez grande échelle, les denrées coloniales
les plus indispensables à l'Europe, et spécia-
lement le coton.

On comprend, dès lors, quel intérêt nous
avons à nous opposer, non-seulement à la
réincorporation du territoire dominicain à
l'Espagne, mais même à un simple protectorat ; car ce protectorat, plus encore que celui
des Anglais dans les îles Ioniennes, équivau-
drait à une véritable prise de possession.

Si, maintenant, nous envisageons au point
de vue de la politique générale les résultats de
l'annexion projetée et déjà presque réalisée,
on verra qu'elle serait préjudiciable à la
France, à l'Angleterre, aux États-Unis, et à
toutes les puissances maritimes. Elle ne serait
que la première étape vers une série de conquêtes et de violences adroitement dissimu-
lées, qui rompraient l'équilibre politique du
monde. Si l'union de l'Espagne et du Portugal
venait ensuite à se consommer, la Péninsule

devenant la plus grande puissance coloniale du monde, étendrait sa domination sur un tiers de l'Amérique et sur d'immenses contrées africaines, baignées d'un côté par l'Atlantique, et de l'autre par la mer des Indes, depuis l'Angola jusqu'à la côte de Mozambique.

Bornons-nous, quant à présent, à apprécier les conséquences directes de la réincorporation de Santo-Domingo. Elles méritent d'attirer la plus sérieuse attention des hommes d'État et des publicistes.

Maîtresse de Cuba, de Porto-Rico et des deux tiers d'Haïti, c'est-à-dire de toutes les grandes îles, moins la Jamaïque, l'Espagne régnerait en véritable souveraine sur le golfe du Mexique et sur la mer des Antilles. Elle exercerait sur les côtes mexicaines, sur celles de l'Amérique centrale et du Venezuela, une prépondérance qui lui permettrait de réaliser dans ces pays tous les plans de son ambition surexcitée. Elle commanderait enfin la route de l'Europe à l'isthme de Panama, qui tend à devenir le plus grand théâtre de l'activité du monde civilisé.

Elle posséderait, dans la partie orientale de l'île d'Haïti, la baie de Samana, dont l'importance maritime est sans égale dans ces parages. Cette baie, en effet, est située au vent

d'Haïti, de la Jamaïque, de Cuba et du golfe
du Mexique, dans lequel on ne peut pénétrer
qu'en naviguant au nord ou au sud de Samana,
pour aller rejoindre le canal dangereux de Ba-
hama, qui sépare Cuba de la pointe de la Flo-
ride, ou le canal qui donne accès dans le golfe
entre Cuba et la pointe de l'Yucatan.

Les avantages stratégiques et commerciaux
de la baie de Samana ont sollicité depuis
longtemps les convoitises des nations maritimes. Ce bassin magnifique, où l'on ne pénètre
que par un goulet de cinq kilomètres de lar-
geur, pourrait contenir toutes les flottes militaires du globe. Il est environné de forêts
où croissent en abondance les plus beaux
bois de construction ; son sol renferme des
mines de cuivre, de fer, de plomb, et, chose
plus précieuse encore, des gisements de
houille. Plusieurs rivières y débouchent, et
l'une d'elle, la Yuna, est navigable jusqu'à
vingt lieues dans les terres. D'Ogeron, gouverneur de la colonie française de Saint-Domingue, établit, en 1673, une petite colonie sur
les bords de la baie ; M. de Galifet renouvela
cette tentative en 1699 ; le célèbre comte d'Es-
taing entreprit, en 1764, d'y fonder un grand
établissement, et comme ce territoire, quoi-
qu'à peu près désert, appartenait à l'Espagne,

des négociations qui n'aboutirent pas, furent entamées avec la cour de Madrid pour la cession de cette partie de l'île. L'escadre française y alla prendre position en 1822, sur l'ordre du général Donzelot, gouverneur de la Martinique, qui, appelé par d'anciens colons français fixés à Samana, voulait s'emparer de la presqu'île au nom de l'Espagne qui l'aurait ensuite rétrocédée à la France. On sait que Donzelot, frappé de l'excellence de cette position, écrivit ensuite au ministre de la marine, marquis de Clermont-Tonnerre, pour l'engager à réaliser son projet et à fonder sur la baie un établissement maritime formidable. Ce plan fut repris, en 1846, par le gouvernement de Louis-Philippe et avec le consentement formel de Santana ; mais il fallut y renoncer pour ne pas compromettre l'alliance anglaise.

C'est à cette époque que parut un livre remarquable, de M. Lepelletier de Saint-Rémy. Cet écrivain, qui connaît si bien les Antilles, conseillait à la France d'acquérir la baie de Samana, pour y fonder un vaste entrepôt commercial, où viendraient se concentrer toutes les productions de l'île en destination pour la France. « La baie de Samana, disait-il, est une de ces positions maritimes comme il ne s'en rencontre que deux ou trois sur la carte du monde. Elle est au golfe du Mexique ce que Mayotte est à l'Océan indien ; elle n'en est pas seulement la clef militaire, elle en est encore la clef commerciale. » Développant ensuite son projet, l'auteur démontrait que l'entrepôt français de Samana favoriserait puissamment le progrès de l'agriculture, de l'industrie et de la civilisation dans l'île. Allant ensuite au devant des objections, il disait, que l'établissement français ne pourrait porter ombrage ni à la République Dominicaine ni à celle d'Haïti, parce qu'il excluait par sa nature même toute pensée d'extension territoriale.

Une seule éventualité pourrait et devrait, suivant M. Lepelletier de Saint-Rémy, déterminer la France à intervenir dans l'île ; ce serait celle d'une intervention ou d'une occupation étrangère. « Nous croyons, ajoutait-il, que dans ce cas, la France n'hésiterait pas un instant. » — Nous ne possédons pas la baie de Samana ; mais nous avons à sauvegarder en Haïti le principe des nationalités, la liberté des mers, le paiement d'une dette de 50 millions de francs et de grands intérêts commerciaux. Nous pensons donc, comme M. Lepelletier de Saint-Rémy, que la France ne devrait pas hésiter.

Et pourquoi ferions-nous à l'Espagne de si grands sacrifices? Pourquoi abdiquerions-nous en sa faveur tout ce qui nous reste d'influence dans les Antilles, la veille du jour où un Bosphore comme celui de Suez unira, à travers l'isthme, les deux Océans? L'Espagne marche-t-elle avec nous dans les voies du progrès et de la civilisation? Notre politique est-elle sympathique à son gouvernement? Pourrions-nous compter sur son appui dans les guerres que nous aurions à soutenir en Italie et en Allemagne pour la cause de la liberté? A toutes ces questions, il faut malheureusement répondre par la négative. L'Espagne, sa reine et son gouvernement sont dévoués à l'ultramontanisme que nous combattons. Pendant que nous proclamons la liberté des noirs dans nos colonies, l'Espagne perpétue dans les siennes l'esclavage et la traite; pendant que nous soutenons en Italie le bon droit des peuples, elle proteste en faveur des archiducs et des Bourbons de Naples; pendant que nous cherchons à séparer deux choses incompatibles : l'autorité spirituelle et le pouvoir temporel de la Papauté, l'Espagne se plaint de la nécessité cruelle qui lui empêche d'envoyer une armée au secours du Pape. Elle aspire à brûler tout ce que nous adorons,

et ce que nous voudrions brûler, elle l'adore
de toutes les forces de son âme.

Cette puissance n'est donc pas, pour nous,
une alliée, et nous serions aussi coupables
que dupes de sacrifier à ses hautes fantaisies,
nos intérêts dans le Nouveau-Monde et les principes, plus sacrés encore que les intérêts.
Soyons donc sages, soyons prudents, et con-
servons dans les Antilles tous nos moyens
d'action, si nous ne voulons pas voir un jour
l'Espagne, s'unissant contre nous avec une
autre puissance maritime, nous interdire
l'accès du golfe du Mexique et nous enlever
tout ce que nous possédons encore dans l'ar-
chipel des Antilles.

Nous n'avons, répétons-le en terminant,
aucun sacrifice à faire à l'Espagne. S'il nous
arrivait d'avoir besoin d'elle dans une lutte
contre l'Angleterre, nous n'aurions qu'un
seul mot à prononcer pour obtenir son con-
cours : Gibraltar! et si nous avions jamais la
guerre avec les États-Unis, elle serait trop
heureuse de marcher avec nous pour acca-
bler un ennemi dont l'ambition rivale trouble
toutes les nuits son sommeil.

FIN.